Desarrollando

El Ministerio Profético

POR FRANK DAMAZIO

CITYBIBLE
PUBLISHING

9200 N.E. Fremont, Portland, Oregon 97220
U.S.A.
Teléfono: (503) 253-9020

Publicado por City Bible Publishing

9200 NE Fremont, Portland, Oregon 97220

Impreso en EE.UU.

City Bible Publishing es un ministerio de City Bible Church y se dedica a servir a la Iglesia local y a sus líderes a través de la producción y distribución de materiales de calidad.

Es nuestra oración que estos materiales, comprobados en el contexto de la Iglesia local, sirvan para equipar a los líderes para exaltar al Señor y extender Su reino.

Para pedir un catálogo gratuito de recursos adicionales de City Bible Publishing, favor de llamar por teléfono al 1-800-777-6057 o visite nuestro sitio de web, www.citybiblepublishing.com.

Desarrollando el Ministerio Profético

Publicado originalmente en inglés bajo el titulo "Developing The Prophetic Ministry" by Frank Damazio
Copyright © 1983, Frank Damazio
Portland, Oregon 97220

Versión Castellana Homero Ríos con Gerda Brown
Edición Revisada por David Lont
ISBN 0-914936-05-0

Dedicación

Dedico este libro al Pastor Leonard Fox, quien ha servido al Señor por más de 40 años como profeta al Cuerpo de Cristo, y cuyo ejemplo y predicación han animado y nutrido mi amor por el ministerio profético.

Contenido

Prefacio

El propósito de este libro es revisar el ministerio de los profetas en ambos testamentos, el antiguo y el nuevo, y proporcionar algunas indicaciones prácticas para el desarrollo del ministerio profético, en sus dones y oficio en la Iglesia de hoy.

He trabajado más con el don de profecía que con el ministerio de profeta, y es mi propósito que este material sea usado como una guía para saber cómo desarrollar, nutrir y mantener la comunicación verbal y práctica del Espíritu Santo con el Cuerpo de Cristo, la Iglesia. Esta comunicación oral, el don de profecía, es un don de gran valor que nuestro Señor ha dado a su Iglesia.

Nosotros, como Iglesia, debemos desarrollar ampliamente este don y somos responsables de protegerlo para que no sea pervertido. El Señor mismo nos ha dado este don para edificación, exhortación y consolación de todo el Cuerpo de Cristo.

—Pastor Frank Damazio

"Vuestros Hijos e Hijas Profetizarán"

La Iglesia está viviendo su etapa más emocionante debido a que el Señor está restaurándola con el Poder del Espíritu Santo. Dios está preparando a la Iglesia, edificando cualidades de carácter profundamente dentro de ella, para que en los días futuros esté capacitada para manifestar sabiamente la unción del Espíritu en una medida mayor. Conforme el Señor está derramando de Su Espíritu (Joel 2:28; Hechos 2:17), Él está desafiando a la Iglesia no sólo a orar y adorar en el Espíritu, sino también a caminar y vivir en el Espíritu.

Con este derramamiento, los dones del Espíritu Santo serán restaurados y activados. El Espíritu Santo desea dar los mismos dones a la Iglesia de hoy como lo hizo con la Iglesia Neotestamentaria. 1 Corintios 12:7 declara: "Pero a cada uno le es dada la manifestación del Espíritu para provecho." Las Escrituras contienen muchas referencias respecto al hecho de que tanto varones como mujeres, jóvenes y viejos, profetizarán en los últimos tiempos.

Joel 2:28

"Y después de esto derramaré mi Espíritu sobre toda carne, y profetizarán vuestros *hijos* y vuestras *hijas*; vuestros ancianos soñarán sueños, y vuestros jóvenes verán visiones." (Vea también Hechos 2:17-19).

Joel 2:29

"Y también sobre los *siervos* y sobre las *siervas* derramaré mi Espíritu en aquellos días."

Lucas 2:36

"Estaba también allí *Ana, profetisa*, hija de Fanuel, de la tribu de Aser..."

Hechos 21:8-9

"...y entrando en casa de Felipe el evangelista, que era uno de los siete, posamos con él. Este tenía cuatro *hijas* doncellas que profetizaban."

1 Corintios 11:5

"Pero toda *mujer* que ora o profetiza..."

Esta manifestación (o "esplendor") del Espíritu será (en medidas diferentes) parte de la vida de cada cristiano, para que el poder del Espíritu que funcionaba en la Iglesia primitiva, pueda funcionar otra vez en los miembros de la Iglesia de hoy.

Algunos cristianos no creen en la operación de los dones sobrenaturales de Dios mencionados en 1 Corintios 12:7-11. Una de las razones es que no quieren repetir los errores o extremos que la gente "llena del Espíritu" ha hecho (y sigue haciendo) en la operación de los dones. Aunque ha habido abuso, falsificación, y error al poner a funcionar los dones, esto no los invalida. Además los dones del Espíritu Santo no sólo son Escriturales, sino que estaban en operación en la vida de Jesús, en la Iglesia primitiva, y a través de la historia de la Iglesia.

Esta generación es afortunada al estar recibiendo la restauración de los dones del Espíritu Santo. Los que quieren entrar en las múltiples bendiciones que el Espíritu Santo tiene para ellos, van a aprender a seguir la dirección de las Escrituras para la operación de los dones.

Uno de los dones del Espíritu que está recibiendo atención particular es el ministerio profético. El propósito de este libro es hacer una exploración del ministerio de los profetas en el Antiguo y el Nuevo Testamento, y establecer algunas guías prácticas para el desarrollo del ministerio profético, tanto en el don como en el oficio en la Iglesia actual.

Definición de la Palabra "Profecía"

La palabra "profecía" en Hebreo es *naba* la cual significa "fluir, hervir hasta derramar, rebosar o llover palabras a cántaros, manar" (Éxodo 7:1-2; Proverbios 15:28). En el Antiguo Testamento la palabra "profeta" significa "un vocero que es un agente especial para entregar un mensaje".

En el Nuevo Testamento las palabras profecía, profetizar, predecir y profetas son usadas aproximadamente 186 veces y significan "hablar, decir, declarar o dar a conocer".

De esta manera, en el Nuevo Testamento el tema ocupa un lugar de importancia para la Iglesia.

Cuando los hombres profetizaban, ya sea en el Antiguo o Nuevo Testamento, el Espíritu de Dios inspiraba sus declaraciones, haciendo que sus propias palabras brotaran. Lo mismo es verdad en la Iglesia actual. Los hombres y las mujeres pueden pronunciar palabras del Señor según Él mismo los inspire a que hablen, para la edificación, exhortación y consolación de todo el Cuerpo de Cristo.

Los Cuatro Niveles de Profecía

Existen básicamente cuatro niveles de profecía:

1. La Profecía de la Escritura

Toda la revelación Bíblica profetizada a través del Antiguo y Nuevo Testamento por los profetas es la Profecía de la Escritura.

2 Pedro 1:20-21

"Entendiendo primero esto, que ninguna profecía de la Escritura es de interpretación privada, porque nunca la profecía fue traída por voluntad humana, sino que los santos hombres de Dios hablaron siendo inspirados por el Espíritu Santo."

La profecía de la Escritura habla respecto a los elementos declaratorios e indicativos de la Palabra de Dios como la más alta revelación de Dios a los hombres.

Toda expresión profética debe ser juzgada por la profecía de la Escritura. Esta no contiene errores, faltas, o imperfecciones. Las palabras escritas que fueron registradas por los profetas y los apóstoles fueron dadas de una manera sobrenatural por la inspiración del Espíritu Santo. El Diccionario Webster define la palabra "inspiración" como "la influencia sobrenatural del Espíritu de Dios en la mente humana, por medio de la cual los apóstoles, profetas, y los santos escritores fueron capacitados para exponer la verdad divina sin mezcla ni error".

La profecía de la Escritura es el único dominio de la profecía que puede reclamar este nivel de inspiración. Cualquier otra profecía debe ser inspirada por Dios, pero no será una revelación directa.

Debemos mantener el *logos*, es decir, la Palabra de Dios escrita, como la forma más alta y pura de comunicación por parte de Dios. Sin embargo, esto no apoya o justifica el punto de vista de rechazar la comunicación oral del don de profecía hoy en día. La Iglesia necesita tanto la Palabra escrita de Dios así como la palabra profética para crecer con balance hacia la perfección.

2. El Espíritu de Profecía

El segundo nivel de la profecía en la Escritura es el "Espíritu de Profecía".

Apocalipsis 19:10
"Yo me postré a sus pies para adorarle. Y él me dijo: Mira, no lo hagas; yo soy consiervo tuyo, y de tus hermanos que retienen el testimonio de Jesús. Adora a Dios; porque el testimonio de Jesús es el espíritu de la profecía."
(vea también 1 Samuel 19:10; Juan 11:51).

El espíritu de profecía es la unción del Espíritu Santo que capacita a hombres y mujeres que no tienen el don de profecía o el ministerio de profeta, para hablar bajo la inspiración de Dios. La unción algunas veces libera de una forma muy especial la presencia de Dios en los servicios de la Iglesia, de tal forma que casi cualquier persona puede recibir la inspiración de la intención del Señor para dado momento y declararla libremente. Sin embargo, el hecho de que una persona hable bajo la inspiración del Espíritu cuando el espíritu de profecía está presente en una reunión, no significa que tal persona tenga el don de profecía o el manto del profeta.

3. El Don de Profecía

El tercer nivel de profecía encontrado en la Escritura es el don de profecía.

1 Corintios 12:4
"Ahora bien, hay diversidad de dones, pero el Espíritu es el mismo."

1 Corintios 12:10
"A otro, el hacer milagros; a otro, profecía..."
(vea también 1 Corintios 14:1,3,6).

El don de profecía es dado a ciertos creyentes para traer la palabra de Dios a la congregación. La revelación del Señor es dada por el Espíritu Santo para enseñar, exhortar y consolar al Cuerpo, o para exaltar y coronar a Cristo en adoración. A través de este don el fuego viviente del Pentecostés desciende sobre los creyentes para despertar y avivar sus espíritus.

No todos los cristianos tienen el don de profecía, tampoco todos los predicadores o pastores funcionan en este don, ni necesariamente todos lo tienen. El don de profecía no es igual al ministerio de predicación.

Primero, en el Nuevo Testamento el don profético y el ministerio de la predicación son usados para propósitos diferentes. Segundo, las palabras griegas para profecía y predicación tienen diferentes significados.

Predicación: La palabra griega para predicación es *euaggelizo*, que significa "anunciar las buenas nuevas, declarar un mensaje particular de buena noticia". Esta palabra griega es usada en 1 Corintios 9:16 "Pues si anuncio el evangelio, no tengo por qué gloriarme; porque me es impuesta necesidad; y ¡ay de mí si no anunciare el evangelio!"

Profetizar: La palabra griega para profetizar es *propheteia*, propheteuo, que significa "predecir algo, anunciar con anticipación eventos, o hablar bajo inspiración divina".

Profecía: Los traductores de la Septuaginta entendieron que la palabra Hebrea *nabhi* (que era la palabra hebrea usada para profetizar) significa "hablar por otro o de parte de otro". En griego esta palabra es *prophetes*, un sustantivo derivado de la preposición *pro*, y el verbo *phemi*, que es "hablar por otro". Esta palabra griega, de acuerdo al "Thayer's New English Lexicon" significa "pronunciar, declarar algo que sólo puede ser sabido o conocido a través de revelación divina, o bajo un impulso repentino en un discurso excelso o en adoración de los consejos divinos".

Obviamente las dos palabras no son sólo diferentes en significado, sino también en su función bajo la unción del Espíritu Santo.

Ciertas Iglesias han considerado igual el don de profecía que el ministerio de predicación debido a que no creen o funcionan en el nivel de profecía, pero todavía quieren reclamar para sus predicadores la misma "autoridad" que conllevan las pronunciaciones proféticas y las palabras de los profetas.

Los que tienen el don de profecía no deben ser animados a moverse proféticamente fuera de su dominio, el cual es la edificación, exhortación, y consolación.

4. El Oficio del Profeta

El nivel profético de predecir y confirmar ministerios del presbiterio con la imposición de manos sólo debe ser llevado a cabo por aquellos que tienen el manto del oficio de profeta, el cuarto nivel de profecía.

Efesios 2:19-20
"Así que ya no sois extranjeros ni advenedizos, sino conciudadanos de los santos, y miembros de la familia de Dios, edificados sobre el fundamento de los apóstoles y profetas, siendo la principal piedra del ángulo Jesucristo mismo."

Efesios 4:11
"Y él mismo constituyó a unos, apóstoles; a otros, profetas; a otros, evangelistas; a otros, pastores y maestros"
(vea también Hechos 13:1; 21:10; 1 Corintios 12:28, 29).

Los profetas son vasijas que Cristo escoge para funcionar continuamente y con precisión en el nivel de la palabra de ciencia, palabra de sabiduría, discernimiento de espíritus, confirmación, revelación, iluminación, declaraciones proféticas, predicción, visiones, corrección, y confirmación de ministerios.

No todo el que profetiza es profeta. Pablo claramente establece que ciertos hombres son llamados por el Señor para ser profetas y funcionan en este oficio de ministerio para el bien del Cuerpo de Cristo. En la Iglesia Neotestamentaria de Antioquía, hombres como Agabo fueron aceptados como profetas de Dios (Hechos 11:27-28).

Así como Agabo fue movido en el nivel de la predicción (Hechos 21:10) y otros profetas del Nuevo Testamento se movieron en el nivel de la confirmación de ministerios por el presbiterio (Hechos 13:1), de igual manera los profetas del día de hoy se moverán en el nivel profético.

Todas las pronunciaciones de los profetas deben estar de acuerdo a la Palabra de Dios. La revelación de un profeta no puede ser aceptada si es contradictoria a las palabras de Jesucristo o de los apóstoles. "Si alguno se cree profeta, o espiritual, reconozca que lo que os escribo son mandamientos del Señor" (1 Corintios 14:37).

Un profeta, como hombre, está expuesto a errores; por eso su profecía puede contener errores. El Señor nos manda juzgar y evaluar la palabra del profeta por la medida de la Escritura y por el testimonio del Espíritu en el corazón de los creyentes. Al mismo tiempo, el Espíritu vivifica la Palabra de la Escritura en los corazones de los creyentes para confirmar la verdad de la palabra del profeta.

Capítulo Tres

El Ministerio Profético

La profecía es registrada en la Biblia desde el principio de los tiempos. Aun antes de que Dios profetizara respecto a la enemistad que existiría entre la simiente de la serpiente y la simiente de la mujer (Génesis 3:15), Adán profetizó respecto al matrimonio (Génesis 2:23,24). Jesús usó a un hombre como punto de referencia registrado en los inicios de la historia bíblica: Abel, cuya sangre y la de todos los profetas asesinados hasta Zacarías, será demandada de la generación incrédula del tiempo de Cristo (Lucas 11:49-51).

Enoc (Judas 14), Noé (Génesis 9:25-27; Hebreos 11:7), Jacob (Génesis 48,49), y José (Génesis 50:24; Hebreos 11:22), se movieron en diferentes niveles de profecía. Los Nazareos (Números 6:1, Amós 2:11,12) y Recabitas (1 Crónicas 2:55; 2 Reyes 10:1-28; Jeremías 35:6-10) fueron completamente separados para Dios de tal forma que Él pudiera levantarlos como sus profetas. Estos, y cada uno de los profetas del Antiguo Testamento fueron precursores que señalaron al Patrón Profético, el Señor Jesucristo.

Moisés (Números 12:6; Deuteronomio 34:10) y Samuel (1 Samuel 10:5; Hechos 3:23-26; 13:20; Hebreos 11:32) están especialmente mencionados como profetas prominentes en las Escrituras. Por ejemplo, en Jeremías 15:1 el Señor declara: "Si Moisés y Samuel se pusieran delante de mí, no estaría mi voluntad con este pueblo; échalos de mi presencia, y salgan." Aquí el Señor le dijo a Jeremías el profeta que aunque intercedieran Moisés (el mediador de la Ley) y Samuel (el fundador de la escuela de los profetas) no evitarían la ira de Dios sobre Israel.

La reconciliación entre Dios y el hombre mediante Su Hijo enviado sólo podría venir por Dios, a través de Jesús, como el Patrón Intercesor, Profeta y Sacerdote, para efectuar la reconciliación de Israel y del mundo. Jesucristo no sólo sería el Patrón del Sacerdote que enseñaría a la gente la letra de la Ley, sino que Él también sería el Patrón del Profeta (Deuteronomio 18:15-19) que cumpliría y demostraría el espíritu mismo de la Ley.

Similarmente, el ministerio de los profetas en el Antiguo Testamento mostraría siempre el verdadero significado espiritual de la letra estricta de la Ley. Jesús hizo esto con Su propia vida y ministerio. Como el último portavoz de Dios, el cumplimiento final de la Ley, y profeta del juicio, Jesucristo puede ser descrito como "Uno mayor que los profetas" (Hebreos 1:1-3).

En el Nuevo Testamento, el ministerio del profeta está sometido al ministerio del apóstol (1 Corintios 12:28,29), aunque es un don válido de la ascensión y un ministerio dado a la Iglesia por Jesucristo (Efesios 4:11). El oficio profético está bajo el apostólico en la Iglesia Neotestamentaria porque cada función del oficio profético debe estar basada en los hechos históricos y enseñanzas de Jesucristo, registrados por los Apóstoles (Efesios 2:20; 3:4-5).

Específicamente, Juan el Bautista se encuentra al fin del dominio de la supremacía del ministerio profético y a la apertura del dominio de los apóstoles de Cristo. No hay registro de que Jesucristo escogiera a algún profeta antes de Su crucifixión y ascensión. Este hecho ayuda a confirmar la sumisión del oficio profético al oficio apostólico en la Iglesia.

Aunque el oficio de profeta estaba, en un sentido, en un nivel más alto en el Antiguo Testamento que en el Nuevo, aún existen muchas similitudes entre sus títulos y funciones. El siguiente diagrama ilustra algunas de las diferencias y similitudes entre los profetas del Antiguo y Nuevo Testamento.

Profetas

ANTIGUO TESTAMENTO	NUEVO TESTAMENTO

1. Títulos

a. vidente
b. hombre de Dios
c. siervo del Señor
d. mensajero del Señor

1. Títulos

a. profeta
b. hombre de Dios
c. siervo de Dios
d. mensajero del Señor

2. Diferentes clases de Profetas

a. profetas de dirección
(Moisés y Samuel)

b. profetas de visión
(Daniel y Zacarías)

c. profetas de la Escritura
(Isaías y Jeremías)

d. profetas de juicio
(Jeremías y Ezequiel)

2. Diferentes clases de Profetas

a. profetas de confirmación

b. profetas de visión (la
revelación del apóstol Juan
está asociada con la visión del
profeta Daniel)

c. profeta de las Escrituras
(las epístolas Paulinas tienen
implicaciones proféticas)

d. profetas de juicio

3. Función

a. ser vocero, portavoz

b. hablar por
c. predecir

3. Función

a. ser vocero, intérprete (Hechos
13:1-2)
b. hablar por (1 Corintios 14:8)
c. predecir – Agabo (Hechos
11:27-28; 21:10-11)

d. dar dirección

d. ningún profeta del Nuevo Testamento fue usado en el control, o gobierno del creyente en la voluntad de Dios; él era usado para confirmación

e. expresar, escribir Escritura infalible

e. ningún profeta neotestamentario fue usado jamás en la expresión o producción de las Escrituras infalibles.

f. pronunciar juicio

f. pronunciar juicio

g. ser intérprete de la Ley

g. ser intérprete de la Ley

h. amonestar y redargüir

h. ministrar la Palabra, exhortación, confirmación (Hechos 15:32)

i. denunciar pecados que prevalecían

i. confirmar Iglesias (Hechos 15:32,41)

j. amedrentar a la gente con el terror del juicio

k. llamar a las naciones al arrepentimiento de la idolatría, infidelidad, iniquidad, corrupción moral, social y política (Isaías 58:1, 40:1-2; Malaquías 4:4)

l. ser un atalaya parándose sobre los muros de Sion para hacer sonar la trompeta (Ezequiel 3:17, 33:7)

4. Diferencias en las formas de comunicación

a. visión (Isaías 1:1; Amós 8:1)

b. palabra (Jeremías 2:1)

c. sueños (Daniel 2:17)

d. dichos obscuros

e. palabras que vio (Amós 1:1)

f. carga (Nahum 1:1; Habacuc 1:1)

g. fuego ardiente interior (Jeremías 20:9)

4. Diferencias en las formas de comunicación

a. todo igual al profeta del antiguo testamento

5. Los profetas comunican el mensaje a la gente en la forma básica de entendimiento.

a. oralmente (Natán a David)

b. palabra escrita (libros)

c. hechos simbólicos (Isaías caminó desnudo; Oseas se casó con una ramera)

5. Los profetas comunican el mensaje a la gente en la forma básica de entendimiento.

a. todo igual a los profetas del antiguo testamento

La Comunicación Profética

Dios se comunicaba con los profetas en formas diferentes. Muchas veces los medios de comunicación y el éxtasis de los profetas causaban que otros les llamasen "locos" (2 Reyes 9:11, Oseas 9:7; Jeremías 29:26), o "necios" (Oseas 9:7). A continuación se encuentran algunas de las formas y expresiones por medio de las cuales el Espíritu de Dios se comunicó con estos hombres:

1. "La Palabra del Señor vino a mí."

2. "Así dice el Señor."

3. "Escucha la Palabra del Señor."

4. "Y el Espíritu entró en mí cuando me hablaba."

5. "El Señor me habló."

6. "La Palabra del Señor que vino a Oseas."

7. El Espíritu entrando en él (Ezequiel 2:2, 3:24).

8. El Espíritu lo levantó y lo llevó en visiones de Dios a Jerusalén (Ezequiel 8:3; 11:1).

9. La mano del Señor era fuerte sobre él (Ezequiel 3:14; 37:1).

10. Las visiones de Daniel, el efecto que éstas tenían sobre él (Daniel 8:15-18; 10:7-10).

11. El Espíritu viniendo sobre ellos (Ezequiel 11:5; 1 Crónicas 12:48; 2 Crónicas 24:20; Isaías 11:2; 61:1-2 Pedro 1:21).

Los Hechos Simbólicos de los Profetas

Los siguientes son ejemplos en los cuales un profeta de Dios llevó a cabo una acción que representó una verdad espiritual a los oidores:

1. Jeremías llevó un yugo alrededor de su cuello cuando cruzaba las calles, para representar el inminente cautiverio Babilónico (Jeremías 27-28).

2. Oseas tuvo que casarse con una ramera, simbolizando la infidelidad de Israel (Oseas 1-3).

3. Isaías caminó desnudo y descalzo por tres años, simbolizando que Egipto y Etiopía estaban en manos de Asiria (Isaías 20:1-6).

4. A Ezequiel le fue mandado hacer una simulación de asedio a Jerusalén representándola en un adobe (Ezequiel 4:1-3).

5. Le fue mandado a Ezequiel acostarse sobre su lado izquierdo por 390 días y después sobre su costado derecho por 40 días. El número de días representaba el número de años que Israel había desobedecido y abandonado a Dios a través de la historia (Ezequiel 4:4-8).

6. Ezequiel recibió mandato de comer diferentes clases de comida por 390 días, simbolizando la profanación ceremonial que vendría sobre los Israelitas, siendo forzados a participar de la comida de los Gentiles durante su cautividad (Ezequiel 4:9-17).

7. Ezequiel obedeció la orden de quemar una porción de su pelo, prediciendo la venida de la destrucción de Jerusalén y sus habitantes (Ezequiel 5:1-4).

8. Ezequiel rasuró su cabello y barba y esparció una parte de su pelo simbolizando la diseminación de una porción de los judíos a diferentes partes de la tierra (Ezequiel 5:1-4).

9. Se le mandó a Ezequiel profetizar a un valle de huesos secos, simbolizando la sequedad espiritual de Israel y su muerte. Esta profecía predice las bendiciones prometidas a Israel en, y a través del Nuevo Pacto (Ezequiel 37).

10. Ahías, después de encontrarse con Jeroboam, rompió su capa en doce piezas, simbolizando la división de su reino (1 Reyes 11:30).

11. Jeremías simbólicamente dio señales a Israel a través de:

    a. Un cinto podrido simbolizando el efecto negativo que vendría sobre la casa de Judá; en los setenta años de cautividad en Babilonia (Jeremías 13:1).

    b. El alfarero y el barro hablando del juicio de Dios que vendría a la casa de Judá y la bendición resultante sobre ellos en, y a través del Nuevo Pacto (Jeremías 18:1).

    c. La copa de vino de ira hablando del juicio de Dios para las naciones impías (Jeremías 25:15).

12. Algunos profetas recibieron instrucción de poner nombres proféticos y simbólicos a algunos de sus hijos:

   a. Los hijos de Isaías:

   Sear-jasub: "Un remanente volverá" (Isaías 7:3).

   Maher-salal-hasbaz: "El despojo se apresura, o la presa se precipita" (Isaías 8:1).

   b. Los Hijos de Oseas:

   Jezreel: "Será siembra de Dios"

   Lo-Ruhama: "Ninguna misericordia"

   Lo-ammi: "No pueblo mío."

13. A Ezequiel le fue mandado profetizar a las montañas. Las montañas en la Escritura representan varios reinos y naciones de la tierra (Ezequiel 6:1-3).

14. Ezequiel recibió la orden de mudarse de casa a través de escarbar en el muro, representando a Judá siendo removido hacia Babilonia (Ezequiel 12:1-6).

15. A Jeremías se le ordenó comprar un cinto de lino fino para ponérselo, pero sin lavarlo, y después ir al Eufrates y esconderlo ahí debajo de una piedra. Después le fue mandado escarbar, sacándolo, aunque ya estaba podrido y no servía para nada, simbolizando lo que Dios iba a hacer con el orgullo de Jerusalén y Judá (Jeremías 13:1-11).

16. Jeremías fue enviado a tomar una vasija de barro y quebrarla frente a los ancianos del pueblo y los ancianos de los sacerdotes, simbolizando la destrucción de Jerusalén (Jeremías 19:1-9).

17. Ezequiel permaneció atónito por siete días después de su llamamiento, representando su identificación con las

miserias y pruebas de aquellos a quienes habría de ministrar (Ezequiel 3:15).

18. Agabo ató al apóstol Pablo con su cinto, simbolizando lo que los judíos iban a hacerle en Jerusalén (Hechos 21:10-14).

Los actos simbólicos en el ministerio profético aún son válidos hoy en día. Hace muchos años en California del sur conocí a un profeta que, al ser avivado por el Espíritu Santo, cortó en 40 piezas la corbata del pastor y declaró que $40,000 dólares vendrían a la Iglesia para cierta fecha. Esto, por supuesto, sorprendió a la gente, y además ofendió a algunos, pero el dinero ciertamente llegó aun antes de la fecha que el profeta había dado. Todos estaban en temor reverente respecto a la grandeza de Dios. No sugiero que una persona tome tales medidas anormales para comunicar las palabras de Dios, a menos que sean inspiradas directamente por Dios.

Desarrollando el Ministerio de Profecía

---

1 Corintios 12:31
"Procurad, pues, los dones mejores..."

1 Corintios 13:9
"Porque en parte conocemos, y en parte profetizamos."

1 Corintios 14:3
"Pero el que profetiza habla a los hombres para edificación,
exhortación y consolación."

1 Corintios 14:4
"El que habla en lengua extraña, a sí mismo se edifica; pero el que
profetiza, edifica a la iglesia."

Muchos líderes y cristianos se preguntan cómo se desarrolla el ministerio profético. Es el Señor quien debe soberanamente ungir, equipar y usar a una persona en cualquier nivel de profecía. Pero aun así, Él quiere que nosotros deseemos fervientemente los dones espirituales. Existen algunas guías básicas que se pueden seguir para preparar y desarrollar el don profético.

1. Reconocer que la Profecía era una Parte Vital del Ministerio de la Iglesia Primitiva.

La profecía ha de ser una parte vital de la Iglesia Neotestamentaria hoy en día (Joel 2:28-29; Lucas 2:36; Hechos 2:16-19; 19:6; 21:9; 1 Corintios 11:5; 1 Tesalonicenses 5:20).

La profecía trae el fuego de Pentecostés a las reuniones de la Iglesia. La profecía viene del Espíritu, mientras las predicaciones vienen del intelecto. La preparación y la capacidad del predicador son tocadas por el Espíritu para traer la enseñanza del evangelio a la reunión. La diferencia entre la profecía y la predicación debe ser claramente vista. De otra manera, el entendimiento de la profecía en el Nuevo Testamento no sería practicado, y no habría suficiente fe para operar en este nivel de lo sobrenatural.

2. Soltar la fe Para Profetizar.

La fe es importante para la profecía debido a que uno sólo puede hablar en esta forma de acuerdo a la proporción de su fe (Romanos 12:6-8). La fe es un don de Dios, pero es como la semilla de mostaza plantada en la vida de cada persona y que debe crecer cada día.

Para incrementar la fe personal hasta este nivel uno debe oír y escuchar constantemente la Palabra de Dios, (y no la palabra del maligno) porque fe se levanta sólo a través de la Palabra (Romanos 10:8-10,17). Con la oración dinámica y la Palabra viva depositando la semilla dentro del corazón, un cristiano está en una buena posición para que Dios vivifique esa palabra y cause que la fe se levante para profetizar lo que el Señor ha dado. Tan grande como sea la fe de un cristiano (no presunción), mayor la profundidad de su profecía.

3. Aprender a Operar en el Fluir de la Unción del Espíritu Santo.

Ser lleno del Espíritu Santo es la condición más importante para recibir las palabras del Señor. El don espiritual es derramado a través de la unción del Espíritu. La unción del Espíritu Santo no puede ser vista en términos humanos de capacidad. Es el propio Dios quien dispone el poder que opera a través de vasos humildes. El Espíritu Santo toma las cosas profundas de Dios y unge al profeta para darlas públicamente a la gente.

Todos los profetas de Dios fueron ungidos para tener el manto de profeta y ser usados por Dios (Elías: 1 Reyes 19.19; Salmo 45:6-7; Mesías significa "El Ungido").

Para aumentar la unción del Espíritu en la vida de una persona, ésta debe ser un canal rendido a través del cual Él pueda fluir. Uno debe estar quebrantado delante de Dios, y por este quebrantamiento, tener un corazón contrito en el que Dios pueda confiar Sus dones. El cristiano también debe recibir el bautismo del Espíritu Santo (acompañado por el hablar en lenguas) y tener una vida profunda de obediencia y comunión con Dios. Conforme el creyente rinde su vida al Señor y se prepara para oír la voz interior del Espíritu Santo, él crecerá en el fluir de la unción del Espíritu Santo. Será más sensible al fluir de la unción del Espíritu cuando profetiza la palabra de Dios.

4. Aprender Cómo Recibir Palabra del Señor.

Proverbios 4:4 declara: "...Retenga tu corazón mis razones (palabras)..." El Espíritu le dará una expresión a la persona por medio de una palabra simple (por ejemplo "unidad"), una oración ("Deben amarse unos a otros."), una carga espiritual, una visión, o un pensamiento espiritual que vivifica el gozo de la persona en ese momento.

Jeremías 15:16

"...y tu palabra me fue por gozo y por alegría de mi corazón; porque tu
nombre se invocó sobre mí..."

Jeremías 20:9

"no obstante, había en mi corazón como un fuego ardiente metido
en mis huesos..."

Una palabra de profecía viene como una palabra de gozo y es como fuego ardiente para el corazón de la persona antes de proclamarla. Una palabra de profecía no es sólo un buen pensamiento pasajero o una idea. Es una vivificación, una carga y palabra ungida del Señor que le da a su recipiente un sentimiento definitivo de necesidad de expresarla (Salmo 119:11, 16, 25, 50, 148).

La palabra que el Señor da siempre debe ser de edificación (construir), exhortación (animar), o consolación (renovación y confortación) para el pueblo de Dios (1 Corintios 14:3).

5. Moverse en el Momento Preciso en la Reunión.

Es dado por hecho aquí que la casa del Señor es el lugar bíblico y seguro para la función de los dones espirituales. Note cuántas veces la palabra "Iglesia", o una palabra con el mismo significado, es mencionada en los capítulos más importantes respecto a la operación de los dones espirituales: (1 Corintios 14:4, 5, 6, 12, 16, 19, 23, 26, 28, 33, 34 y 35).

Profetizar "en cualquier momento" en una reunión de la Iglesia no es apropiado. Uno debe insertar su profecía en el momento que sea más edificante para todos los presentes.

El Espíritu Santo se expresa de distintos modos en las diferentes reuniones, y el cristiano que cree que tiene una palabra profética para la Iglesia, se debe preguntar a sí mismo, "¿Cuál es el mover del Espíritu en esta reunión?"

Es posible que la palabra que una persona ha recibido del Señor sea sólo para él mismo o para un tiempo posterior. Estas cosas deben ser correctamente discernidas en cada reunión por la persona que cree que tiene palabra profética. El profetizar durante el momento de la ofrenda, los anuncios, los cantos o cuando alguien más está hablando, obviamente no sería para edificación y por tanto sería fuera de orden. Una buena forma de aprender cómo moverse en el momento preciso es observar cuándo los ministerios proféticos más maduros y sazonados operan.

6. Aprender a Diferenciar Entre los Pensamientos y Sentimientos Propios y los del Espíritu Santo.

Es muy importante que una persona no proyecte sus pensamientos e ideas preconcebidas en el fluir profético. Sin embargo, esta precaución no debe poner a los ministerios nuevos en tal esclavitud de temor que no tengan la libertad de funcionar. Una persona aprende a profetizar como un niño aprende a caminar. Después de varias caídas puede caminar confiadamente por sí mismo.

Si una persona está pasando por algún problema específico o ansiedad emocional, puede tener la tendencia de profetizar estas cosas. Por ejemplo, si alguien es movido por el Espíritu Santo a perdonar a otro y todavía no lo ha hecho, podría proyectar a la congregación lo que el Espíritu le está diciendo personalmente con las palabras: "Así dice el Señor a Su pueblo, 'Debéis aprender mejor a perdonaros unos a otros', porque ciertamente el Señor les está llamando a un nivel más alto de perdón". Al hacer esto, la persona aplicaría a la congregación sus propios pensamientos, tratos, necesidades, problemas y dudas.

En esto no hay unción, o edificación, y es desafortunado para el pueblo, pues, puede ser desviado de lo que el Espíritu quería decirles. Hallamos algo similar en el Antiguo Testamento donde se refiere a hombres que profetizan de su propio corazón y visión.

Uno debe recordar que aun en una reunión de la Iglesia los pensamientos propios pueden venir de diferentes fuentes: de Dios, de uno mismo, o del diablo. No es imposible que un cristiano lleno del Espíritu hable palabras equivocadas; somos humanos y cometemos errores. Por ejemplo, Jesús tuvo que reprender a Pedro, el gran apóstol de los judíos, por permitir a Satanás hablar a través de su boca (Mateo 16:23). Si esto le pudo suceder a Pedro, también le puede pasar al cristiano hoy día.

Para hacer más accesible el corazón y la mente al Espíritu, el cristiano debe limpiar y transformar su mente diariamente a través de la Palabra de Dios (Romanos 12:1-3). Él debe aprender cómo traer a la obediencia de Cristo cada pensamiento (2 Corintios 10:1-6). Al tener un corazón limpio y una mente renovada, se le permitirá al Espíritu Santo traer más fácilmente una palabra profética más clara y espiritual.

7. Avivar el Don.

En el griego la palabra "avivar" significa "despertar; avivar los carbones que casi están apagados". Debido a que la función de los dones espirituales puede ser impedida a través de pecado, negligencia y flojera, muchas veces no sólo deben ser reanimados, sino avivados por el Espíritu. La Biblia habla muy claramente de la necesidad de un avivamiento espiritual. Las siguientes Escrituras, ilustran este principio:

Éxodo 35:21
"Y vino todo varón a quien su corazón estimuló, y todo aquel a quien su espíritu le dio voluntad, con ofrenda a Jehová para la obra del tabernáculo de reunión y para toda su obra, y para las sagradas vestiduras."

Job 17:8
"...y el inocente se levantará (avivado) contra el impío."

Salmo 35:23
"Muévete y despierta para hacerme justicia, Dios mío y Señor mío, para defender mi causa."

2 Timoteo 1:6
"Por lo cual te aconsejo que avives el fuego del don de Dios que está en ti por la imposición de mis manos."

2 Pedro 3:1
"... despierto con exhortación vuestro limpio entendimiento."

Una persona puede avivarse espiritualmente a través de la oración formal y la lectura de la Palabra de Dios. El avivamiento espiritual es muy necesario para la función del manto profético.

8. Cultivar Hambre por los Dones Espirituales.

Muchos cristianos e Iglesias locales no funcionan libremente en los dones espirituales debido a que no tienen el deseo de verlos operar. Sin una profunda sed por el Espíritu para que funcionen los dones en la Iglesia, nunca se verá la manifestación del poder de Dios. Es como Jesús dijo, "De acuerdo a tu fe, te sea hecho."

La palabra "desear", procurar (en el original "codiciar", tener un fuerte deseo hacia algo) es usada doce veces en el Nuevo Testamento y es aplicada a la búsqueda de los dones espirituales. 1 Corintios 12:31 declara, "Procurad, pues, los dones mejores..." Es claro, por las palabras de Pablo, que Dios desea que la Iglesia tenga una hambre sana por los dones espirituales (lea Hechos 7:9; 1 Corintios 11:2; 14:1; Gálatas 4:17-18, donde la palabra "codiciar" es traducida de diferentes maneras).

Jesús dijo, "Bienaventurados los que tienen hambre y sed de justicia, porque ellos serán saciados" (Mateo 5:6). La palabra "desear" significa "tener ardor y sentimientos calurosos hacia algo; ser celoso de algo."

El Apóstol Pablo usa la palabra "celoso" en 1 Corintios 14:12, "Así también vosotros; pues que anheláis (celáis) dones espirituales, procurad abundar en ellos para edificación de la iglesia". Los siguientes pasajes de la Escritura muestran que Dios quiere conceder a Su pueblo Sus deseos piadosos por cosas espirituales incluyendo los dones.

Salmo 21:2
"Le has concedido el deseo de su corazón, y petición de sus labios."

Salmo 37:4
"Deléitate asimismo en Jehová, y él te concederá las peticiones de tu corazón."

Proverbios 11:23
"El deseo de los justos es solamente el bien..."

1 Corintios 14:1
"Seguid el amor; y procurad los dones espirituales, pero sobre todo que profeticéis."

9. Pronunciar la Palabra de Dios Para los Propósitos Divinos.

Dios tiene como intención que Su Palabra lleve a cabo muchos fines espirituales. En las descripciones de Su Palabra son aclarados Sus propósitos:

1. La Palabra como fuego que purifica (Jeremías 23:29).
2. La Palabra como martillo que rompe la piedra (Jeremías 23:29).

3. La Palabra como lámpara que da dirección (Salmo 119:105).

4. La Palabra como un espejo que causa que la persona se vea tal y como es (Santiago 1:21-25).

5. La Palabra como leche que da el alimento espiritual a los bebés espirituales (1 Pedro 2:2).

6. La Palabra como vara que mide la Iglesia (Apocalipsis 11:1).

7. La Palabra como una semilla que produce fe y crecimiento (1 Pedro 1:23).

8. La Palabra como espada que defiende y discierne nuestro corazón (Hebreos 4:12).

9. La Palabra como agua que limpia y refresca el alma (Efesios 5:26).

10. La Palabra como miel que sabe bien al alma (Salmo 19:7-10).

11. La Palabra como pan que alimenta el alma y suple nuestras necesidades espirituales (Mateo 4:4).

12. La Palabra es un aguijón que impulsa hacia adelante (Eclesiastés 12:11).

Cada una de estas figuras de la Palabra demuestran una verdad respecto al propósito del ministerio de la palabra profética para la Iglesia. Además, la palabra profética del Señor debe ser una palabra de:

13. Sanidad (Salmo 107:20).

14. Esperanza (Salmo 119:114, 147; 130:5).

15. Fortaleza (Salmo 119:116).

16. Regocijo (Salmo 119:162; Proverbios 12:25).

17. Liberación (Salmo 119:170).

18. Tiempo adecuado (Proverbios 15:23).

19. Fruto (Isaías 55:8-11).

20. Vida (Filipenses 2:16; 1 Juan 1:1).

21. Cristo (Colosenses 3:16).

22. Exhortación (Hebreos 13:22).

Los creyentes que ministran con el don profético harían bien al darse cuenta que estas veintidós descripciones de la Palabra de Dios también deben ser descriptivas de la palabra de profecía que ellos traigan.

10. Recibir la Vivificación del Espíritu Santo.

La palabra traducida "vivificación", es usada doce veces. Esta palabra está en el Nuevo Testamento y significa "hacer vivir" y "dar vida". Es traducida de diferentes maneras. En 1 Corintios 3:6 es "crecimiento" y en Gálatas 3:21 dice que es "vivificante".

Una persona que profetiza debe aprender cómo ser avivada en su propio espíritu por medio del Espíritu Santo. La vivificación y unción del Espíritu es el aliento de este ministerio. La Palabra de Dios escrita fue inspirada ("aliento de Dios") por el Espíritu, y de la misma manera la palabra profética tiene que nacer por el mismo Espíritu.

El Espíritu dará a la congregación los pensamientos del Señor, llevando a la gente al reino espiritual y avivándola en cuerpo, mente, alma, y espíritu.

Las siguientes citas muestran la importancia de la vivificación del Espíritu:

Salmo 119:25,154
"...Vivifícame según tu palabra."

Efesios 2:1,5

"Y él os dio vida a vosotros, cuando estabais muertos en vuestros delitos y pecados."

I Pedro 3:18

"Porque también Cristo padeció una sola vez.., siendo a la verdad muerto en la carne. pero vivificado en espíritu."

Juan 6:63

"El espíritu es el que da vida..."

I Timoteo 6:13

"Te mando delante de Dios, que da vida a todas las cosas."

Una persona que profetiza debe hacerlo sólo cuando siente el testimonio interior y la vivificación del Espíritu sobre sí. En esta forma uno estará seguro de que sus declaraciones están inspiradas por Dios y que edificarán a la congregación. Nuevamente, una vida de oración, obediencia, adoración y lectura de la Palabra facilitarán el poder del Espíritu que vivifica la vida del creyente.

II. Ser Sensibles al Levantamiento del Espíritu Profético.

Antes de que el cristiano comience a profetizar, usualmente siente, hasta cierto punto, la unción de Dios sobre sí. Conforme responde a esta unción y actúa en fe dando una declaración profética, el Espíritu Santo incrementará la unción profética. Sin embargo, tan pronto como el mensaje del Espíritu Santo haya sido comunicado adecuadamente, la persona que profetiza sentirá que es disminuida o quitada la unción profética. En este momento es bueno que la persona sea sensible a la dirección del Espíritu, y que esté dispuesta a detenerse cuando el Espíritu cese.

Algunas profecías son largas y otras cortas, pero lo importante es recordar que uno debe comenzar y parar de acuerdo al fluir de la unción.

12. Aprender Cómo Comenzar a Hablar en el Espíritu Profético.

Posiblemente comenzar a moverse en el fluir profético sea lo más difícil de aprender al moverse en la profecía. Pero conforme lo vaya haciendo con más frecuencia, llega a ser también más fácil. Los primeros pasos se deben tomar con valentía y fe. La palabra "valentía" es usada en el Nuevo Testamento aproximadamente dieciséis veces e incluye las siguientes ideas:

- actuar con una conducta inesperada o aparentemente extrema

- emprender algo con una meta definida

- aventurarse

- arriesgarse a hacer algo

- declarar algo sin reserva

- perder todo miedo a algo

Cuando una persona profetiza, debe perder todo miedo de sí mismo, de otros, de la posibilidad de pronunciar mal las palabras, de no entrar correctamente en el fluir profético, de profetizar palabras no inspiradas por Dios, sino por el maligno, de ser corregido después, y de funcionar en un nivel extraño y desconocido. Cuando una persona profetiza la palabra de Dios, debe ser totalmente consciente de Dios. La sensibilidad a la presencia de Dios sobre él debe capacitarle para ser valiente, pero en una forma gentil y humilde.

Dios desea que Su pueblo sea valiente y fuerte en Él. Los siguientes versículos ilustran esto:

Proverbios 28:1
"...el justo está confiado como un león."

Hechos 13:46
"Entonces Pablo y Bernabé, hablando con denuedo..."

Filipenses 1:14
"Y la mayoría de los hermanos, cobrando ánimo en el Señor con mis prisiones, se atreven mucho más a hablar la palabra sin temor."

Efesios 6:19-20
"Y por mí, a fin de que al abrir mi boca me sea dada palabra para dar a conocer con denuedo el misterio del evangelio,... que con denuedo hable de él como debo hablar."

Una clave para atreverse es ser llenos con un temor santo del Señor, en vez del temor natural del hombre. Las siguientes comparaciones nos muestran las dos fuentes de miedo.

EL TEMOR DEL SEÑOR	EL TEMOR DEL HOMBRE

EL TEMOR DEL SEÑOR

1. "Así que, amados, puesto que tenemos tales promesas, limpiémonos de toda contaminación de carne y de espíritu, perfeccionando la santidad en el temor de Dios."
(2 Corintios 7:1)

2. "Porque he aquí, esto mismo de que hayáis sido contristados según Dios, ¡qué solicitud produjo en vosotros, qué defensa, qué indignación, qué temor, qué ardiente afecto, qué celo, y qué vindicación! En todo os habéis mostrado limpios en el asunto." (2 Corintios 7:11)

3. "Someteos unos a otros en el temor de Dios." (Efesios 5:21)

4. "Y la mayoría de los hermanos, cobrando ánimo en el Señor con mis prisiones, se atreven mucho más a hablar la palabra sin temor."
(Filipenses 1:14)

EL TEMOR DEL HOMBRE

1. "Pues no habéis recibido el espíritu de esclavitud para estar otra vez en temor, sino que habéis recibido el espíritu de adopción, por el cual clamamos: ¡Abba, Padre!" (Romanos 8:15)

2. "Porque no nos ha dado Dios espíritu de cobardía, sino de poder, de amor y de dominio propio." (2 Timoteo 1:7)

3. "De manera que podemos decir confiadamente: El Señor es mi ayudador; no temeré lo que me pueda hacer el hombre."
(Hebreos 13:6)

4. "En el amor no hay temor, sino que el perfecto amor echa fuera el temor; porque el temor lleva en sí castigo. De donde el que teme, no ha sido perfeccionado en el amor." (1 Juan 4:18)

En Cristo podemos superar nuestros miedos y aprender a confiar en el Espíritu de Dios. Rendirse a la timidez es rendirse a la carne. Como cualquier ministerio espiritual, el don profético tiene que ser edificado por fe. Si un miembro se levanta con la vivificación del Espíritu Santo, el Espíritu se encontrará con él, dándole unción para traer lo que es necesario.

13. Cultivar Autocontrol y Templanza en la Operación del don Profético.

Muchas veces los cristianos nuevos se emocionarán tanto al sentir la unción del Espíritu de Dios sobre ellos, que les será fácil perder el autocontrol de tal modo que pueden aun volverse fanáticos en su expresión del fluir profético. Los cristianos que apenas están comenzando en el fluir profético tienen que ser muy cuidadosos de no emocionarse excesivamente, cuando son tocados por la presencia de Dios. Los siguientes versículos exhortan al cristiano en esta área:

Proverbios 25:28
"Como ciudad derribada y sin muro es el hombre cuyo espíritu no tiene rienda."

Proverbios 29:11
"El necio da rienda suelta a toda su ira, mas el sabio al fin la sosiega."

Proverbios 29:20
"¿Has visto hombre ligero en sus palabras? Más esperanza hay del necio que de él."

Eclesiastés 5:1-2

"Cuando fueres a la casa de Dios, guarda tu pie; y acércate más para oír que para ofrecer el sacrificio de los necios; porque no saben que hacen mal. No te des prisa con tu boca, ni tu corazón se apresure a proferir palabra delante de Dios; porque Dios está en el cielo, y tú sobre la tierra; por tanto, sean pocas tus palabras."

---

1 Corintios 14:32

"Y los espíritus de los profetas están sujetos a los profetas."

Cuando alguien profetiza, debe darse cuenta de que él está en control de sus expresiones y emociones. La unción viene del Espíritu, pero Dios nunca sobrecarga. Dios se mueve, pero lo hace en una forma sabia. Cada cristiano que funciona en el dominio profético debe aprender a controlar este don juntamente con su expresión. Debe aprender a dar lugar a la siguiente persona y darle preferencia. Cuando hay autocontrol y templanza en el ministerio de los dones proféticos, cada Iglesia local puede ser grandemente edificada.

14. Ser un Ferviente Adorador.

Cuando adoramos con todo nuestro corazón, Dios viene y trae la unción de Su presencia (Salmo 22:3). La unción de Dios libera la operación de los dones espirituales. Un cristiano fructífero cantará, dará acción de gracias, orará y adorará como una parte vital de su vida diaria. Cuando uno se regocija en el Señor, su espíritu llega a ser uno con Él. No sólo el don puede ser avivado en nosotros, sino también podemos tener influencia en los lugares celestiales.

Cómo Canalizar el Ministerio Profético

No necesitamos únicamente avivar y soltar el ministerio profético, sino también canalizarlo apropiadamente al Cuerpo. Cuando una Iglesia está llena del Espíritu y las bendiciones de los dones se disfrutan, debe haber una dirección específica para su operación. Siempre hay aquellos que usan mal y aun abusan de la libertad del Espíritu.

En el Antiguo Testamento Samuel estableció una escuela de profetas, confirmando así la necesidad de un entrenamiento específico en el nivel de la profecía. El siguiente es un breve bosquejo de algunos hechos principales respecto a los hijos (o escuela) de los profetas que Samuel formó:

1. Los medios para su sostenimiento (1 Samuel 9:8; Números 22:7; 2 Reyes 5:15; 8:8; 1 Reyes 17:6)

2. Sus residencias (Betel, Gilgal, Mizpa, Rama; 1 Samuel 7:15-17; 2 Reyes 2)

3. Algunos eran casados (2 Reyes 4:1-2).

4. Recibieron instrucción espiritual (2 Reyes 4:38; 6:1; 1 Samuel 1 9:20)

5. Profetizaban juntos (Isaías 10:5)

6. Eran mensajeros espirituales (2 Reyes 9:1; Eliseo mandó ungir a Jehú como rey; 1 Reyes 20:35-43)

La escuela de los profetas causó que las enseñanzas estuvieran disponibles para los profetas jóvenes en entrenamiento. Estas enseñanzas eran una combinación de la Ley de Moisés, la historia de Israel, los pactos dados al pueblo del Señor, y los principios prácticos de la vida como profeta. La mayoría de los jóvenes profetas serían disciplinados por un profeta veterano para la impartición de verdad a través de un ejemplo piadoso.

Una persona no puede recibir la unción para profetizar a través de la enseñanza, pero puede recibir enseñanzas para saber canalizar y operar en los dones proféticos que ya posee. Cualquiera que desea funcionar en el ministerio profético, en profecía congregacional, cántico profético del Señor, etc., necesita recibir instrucciones y guías por medio de las cuales podrá examinarse cuidadosamente a sí mismo. El río del Espíritu de Dios debe permanecer puro y sin contaminación del orgullo, egoísmo humano, o cualquier otra de las obras de la carne. Es posible tener actitudes correctas y buenos deseos en nuestros corazones, pero tener también las prácticas incorrectas al movernos en lo profético. Veamos algunas áreas principales en las que debemos tener cuidado cuando deseamos movernos en esta área.

I. ¿Estamos Ministrando con las Motivaciones Correctas?

2 Corintios 13:5
"Examinaos a vosotros mismos si estáis en la fe; probaos a vosotros mismos. ¿O no os conocéis a vosotros mismos, que Jesucristo está en vosotros, a menos que estéis reprobados?"

La palabra motivación significa "un impulso interno que causa que uno actúe en cierta forma, una dirección interna". Todos tenemos motivaciones, algunas son buenas, y otras malas. Debido a que todos hemos nacido en lo natural, tenemos la naturaleza de Adán con sus deseos, hábitos carnales, y motivaciones egoístas. Debemos ser honestos ante el Señor y con nosotros mismos para discernir nuestras verdaderas motivaciones. ¿Por qué hacemos las cosas que hacemos? ¿Qué fuerza nos está dirigiendo a hacer estas cosas? Algunas de las preguntas que debemos hacernos son:

¿Nos movemos en lo profético para probar nuestra espiritualidad?

¿Nos movemos en lo profético para ser vistos por otros y recibir reconocimiento y alabanza?

¿Nos movemos en lo profético para ser igual a algún hombre de Dios a quien admiramos y con quien queremos estar identificados?

¿Nos movemos en lo profético para establecer nuestro ministerio como profeta para así recibir mayor autoridad y reconocimiento?

¿Nos movemos en lo profético debido a que queremos profetizar a la congregación lo que Dios está hablando a nuestros propios corazones?

El libro de Proverbios es llamado el libro de sabiduría, el libro para una vida recta. Examinemos nuestras motivaciones a la luz de sus principios profundos.

Proverbios 25:6
"No te alabes delante del rey ..."

Este versículo habla de empujarse a uno mismo para ser visto u honrado. El pensamiento aquí es evitar la ambición carnal.

Proverbios 18:16
"La dádiva del hombre le ensancha el camino y le lleva delante de los grandes."

Si una persona posee el don de Dios no necesita preocuparse respecto a la aceptación o reconocimiento. Por lo general, el don causará que la gente se abra a sí misma al ministerio del profeta. La motivación que siempre debemos examinar es la autoambición. ¿Estoy atrayendo atención a mi persona y mi don; o estoy siendo impulsado por los principios de Dios?

Proverbios 17:19
"El que ama la disputa, ama la transgresión; y el que abre demasiado la puerta busca su ruina."

En la Escritura la puerta era un símbolo de la posición del hombre en la ciudad como uno de los ancianos, líderes u hombres que tomaban decisiones. Este libro de sabiduría nos instruye a que no debemos exaltar nuestro propio liderazgo o ministerio, debido a que podría resultar en la destrucción de ambos, el don y nosotros mismos (Proverbios 18:12).

El don profético no debe ser usado por personas con autoambición para establecer su propia reputación. No debemos ser dirigidos o impulsados por nuestra reputación, tampoco por el dictado de nuestra naturaleza de Adán. Al contrario, debemos rendirnos humildemente a la vivificación del Espíritu Santo.

2. ¿Estamos Monopolizando el Ministerio Profético en las Reuniones?

Monopolizar significa "asegurar y retener la posesión exclusiva o controlar algo, tomar ventaja de privilegios para así tener control". El ministerio profético sirve para edificación y exhortación del Cuerpo de Cristo.

Es un privilegio espiritual ministrar a la Iglesia de Dios en este ministerio particular. La mayoría de las Iglesias que tienen un fuerte fluir de profecía también tienen una adoración libre y fuerte en respuesta al Señor. En esta clase de atmósfera donde los creyentes son animados a ministrar al Señor y el uno al otro, existe la posibilidad de que la gente haga mal uso o tome ventaja de que las reuniones están muy abiertas a la ministración espiritual.

El liderazgo de la Iglesia es responsable por la dirección que protegerá la corriente del río de Dios en el servicio de adoración. En cada congregación parece haber gente que siente que es el portavoz del Señor para cada reunión. Mientras que enseñamos sobre el ministerio del Cuerpo, (la idea de que cada miembro tiene algo que impartir a la reunión de la Iglesia) algunas Iglesias parecen aún estar atadas por unas pocas personas que continuamente monopolizan la reunión con su don profético.

El liderazgo local debe corregir a las personas que toman ventaja de la reunión de la Iglesia. Debe haber un claro discernimiento entre ser movido por la personalidad individual o por la unción de Dios. Algunas personas tienen una personalidad extrovertida y no sienten temor de hablar en las reuniones públicas, mientras otros con una personalidad más introvertida tienen problemas o dificultad de hablar en público. Si el liderazgo local no corrige a aquellos que están monopolizando, los tímidos que verdaderamente tienen una palabra de parte de Dios nunca hablarán al Cuerpo de Cristo. Sería sabio de parte del pastor de la Iglesia enseñar la diferencia entre la vivificación del Espíritu y los impulsos de las emociones de la carne.

También existe una distinción entre la profecía y la exhortación. Algunas profecías deben ser dadas como un corto testimonio o exhortación al Cuerpo. El principio más importante para la Iglesia es establecer el principio de honrar y preferir el uno al otro en el Señor.

I Corintios 12:26

"De manera que si un miembro padece, todos los miembros se duelen con él, y si un miembro recibe honra, todos los miembros con él se gozan. "

I Corintios 14:30

"Y si algo le fuere revelado a otro que estuviere sentado, calle el primero."

Romanos 12:3-8

"Digo, pues, por la gracia que me es dada, a cada cual que está entre vosotros, que no tenga más alto concepto de sí que el que debe tener, sino que piense de si con cordura, conforme a la medida de fe que Dios repartió a cada uno.

Porque de la manera que en un cuerpo tenemos muchos miembros, pero no todos los miembros tienen la misma función:
Así nosotros, siendo muchos, somos un cuerpo en Cristo, y todos miembros los unos de los otros.

De manera que, teniendo diferentes dones, según la gracia que nos es dada, si el de profecía, úsese conforme a la medida de la fe;

O si de servicio, en servir; o el que enseña, en la enseñanza;

El que exhorta, en la exhortación; el que reparte, con liberalidad; el que preside, con solicitud; el que hace misericordia, con alegría."

3. ¿Estamos Permitiendo la Mezcla en el Ministerio Profético?

Apocalipsis 22:1
"Después me mostró un río limpio de agua de vida..."

La palabra *mezcla* significa "aquello que consiste de diferentes ingredientes combinados sin orden, aquello que contiene dos o más elementos, aquello que es contuso o turbio". Cuando nos movemos en los dones del Espíritu Santo, existe la posibilidad de la mezcla. La mezcla en el ministerio profético significa todo aquello que pudiera contaminar el fluir puro del Espíritu Santo en la palabra profética. Esto podría darse por la carnalidad, sensualidad, hábitos escondidos, debilidad en la personalidad, motivaciones equivocadas, tensión emocional, áreas ásperas en cualquier parte de nuestro ser.

El hombre es un ser trino (1 Tesalonicenses 5:23) constituido por espíritu, alma y cuerpo. El Espíritu Santo es unido con nuestro espíritu en el momento de la salvación. (1 Corintios 6:17) "Pero el que se une al Señor, un espíritu es con él." La mezcla resulta cuando unimos los sentimientos y palabras de nuestra alma con las palabras y la unción del Espíritu Santo. La mezcla es algo que debemos aprender a enfrentar, porque todos los cristianos somos imperfectos, nacidos en pecado y concebidos en iniquidad. Pablo dice que nosotros profetizamos en parte, y que conocemos en parte (1 Corintios 13:9).

Un creyente puede ser influenciado por un sinnúmero de fuerzas dañinas externas e internas, que le harán traer una mezcla dentro de su ministerio profético. Aquí hay una serie de ejemplos:

- El espíritu satánico

- Conceptos personales limitados del pueblo de Dios

- Una interpretación doctrinal incorrecta de la Escritura

- Presiones y circunstancias presentes

- La emoción de la reunión pública

- Desacuerdo matrimonial

- Conocimiento humano de cierta situación

La vasija que va a ser usada por el Señor debe mantener su pureza. Es nuestra responsabilidad mantener nuestro corazón, mente y espíritu limpios y listos para responder al Señor.

Santiago 4:8
"...Pecadores, limpiad las manos; y vosotros los de doble ánimo, purificad vuestros corazones."

1 Corintios 5:7
"Limpiaos, pues, de la vieja levadura, para que seáis nueva masa, sin levadura como sois..."

2 Timoteo 2:21
"Así que, si alguno se limpia de estas cosas, será instrumento para honra, santificado, útil al Señor, y dispuesto para toda buena obra."

Hebreos 9:14
"...limpiará vuestras conciencias de obras muertas..."

Proverbios 4:23
"...guarda tu corazón; porque de él mana la vida."

4. ¿Estamos Usando la Oración "Así Dice el Señor" con Ligereza?

I Samuel 3:19
"Y Samuel creció, y Jehová estaba con él, y no dejó caer a tierra ninguna de sus palabras."

Las palabras son el vehículo por medio del cual comunicamos nuestros pensamientos internos. Cuando Dios escoge a un hombre para que hable, está escogiendo el vehículo de las palabras. Cuando Dios habla, cada uno debe escuchar cuidadosamente y respetar lo que ha sido dicho. Cuando Dios manda, todos deben responder adecuadamente con obediencia. Cuando el hombre le habla al hombre a través de la comunicación oral, también debemos oír, analizar, y responder adecuadamente. Pero cuando Dios habla a través del hombre, estamos obligados a responder como si Dios mismo fuese el que está parado allí hablándonos.

Cuando Dios habló al hombre en los tiempos del Antiguo Testamento, los términos "Así dice el Señor" o "Vino a mí palabra de Jehová" eran usados. La palabra hebrea usada para Dios es traducida como "Yahvé" En la nación hebrea éste era el más sagrado y santo de los nombres. No se les permitía usar este nombre en su conversación cotidiana a menos que fuese usado con gran respeto y honor. Los Hebreos creían que una vez que el nombre "Yahvé" era pronunciado, algo excitante y dinámico sucedería. Los profetas eran señalados como los ministros que podían usar este nombre con autoridad conforme iban ministrando la "Palabra del Señor".

En muchas Iglesias hoy en día, la gente continuamente profetiza en el nombre del Señor, usando "así dice el Señor" como un sello de autoridad. Uno de los problemas es que algo menos dinámico parece suceder. ¿Podría ser que el término "así dice el Señor" debiera ser reservado y usado con cuidado por los profetas señalados?

Isaías 55:11

"Así será mi palabra que sale de mi boca; no volverá a mí vacía, sino que hará lo que yo quiero, y será prosperada en aquello para que la envié."

Isaías 44:26

"Yo, el que despierta la palabra de su siervo, y cumple el consejo de sus mensajeros..."

Jeremías 1:9

"...He aquí he puesto mis palabras en tu boca."

Éxodo 4:12

"Ahora pues, ve, y yo estaré con tu boca y te enseñaré lo que hayas de hablar."

Qué no Hacer Cuando Uno se Mueve en la Palabra Profética

Cuando una persona se mueve en los dones espirituales, siempre existen áreas en las que debe ser cuidadosa. Existen ciertos principios que pueden ser aprendidos a través de consejo sabio. La siguiente es una lista de cosas que una persona no debe hacer cuando se mueve en el ministerio profético.

Estas son dadas en el contexto de la reunión de la Iglesia local:

1. Hablar tan suavemente que nadie pueda oír lo que se habla.

2. Hablar tan velozmente que ninguno pueda entender la palabra.

3. Hablar tan largo que ninguno pueda recordar la primera parte de la palabra.

4. Hablar la misma palabra que el mensaje anterior: existe una diferencia en hablar confirmación y en ser redundante.

5. Hablar cualquier cosa contra el fluir del Espíritu.

6. Hablar condenación áspera y juicio contra la Iglesialocal.

7. Hablar con ademanes exagerados que atraen la atención hacia uno mismo más que hacia la palabra.

8. Hablar tantas veces que usted monopoliza la reunión de la Iglesia.

9. Hablar primero, si usted es neófito, en lugar de dejar a los ministerios más maduros establecer el fluir de la reunión.

10. Hablar de sí mismo como alguien espiritual a causa de la manifestación de los dones. Recordemos que estos no indican madurez cristiana o espiritualidad (1 Corintios 3:1-2 y 12:1).

Capítulo Nueve

Limitaciones del Ministerio Profético

1 Corintios 13:9 (traducción literal de la Biblia Amplificada) "Porque nuestro conocimiento es fragmentado, incompleto e imperfecto, y nuestra profecía es fragmentada, incompleta e imperfecta."

Conforme a lo anteriormente establecido, existen cuatro niveles de profecía: la profecía de la Escritura, el ministerio de profeta, el don de profecía y el espíritu de profecía. De estos cuatro niveles sólo la profecía de la Escritura—la Palabra de Dios escrita, nuestra Biblia— es sin error o limitación. La profecía de la Escritura es la vara de medida y juicio de todos los otros niveles de la profecía.

Si la palabra profética hablada no concuerda con la Palabra escrita de Dios, no debemos recibirla. La profecía dada por los hombres no es infalible, sin error, y sin necesidad de juicio. Si un profeta reclama infalibilidad, sabemos que está en error y es peligroso escucharle. El oficio de profeta, el don de profecía, y el espíritu de profecía no son sin limitación, tampoco sin imperfección.

He encontrado en las Iglesias a personas que son fuertes y llenas con el Espíritu pero viven conforme a sus propias profecías. Estas pueden haber sido recibidas en una reunión celebrada en un hogar, en una Iglesia local, en el servicio del domingo, o en reuniones especiales con un presbiterio. Esta gente mueve a su familia, renuncia a su trabajo, se casa, escoge su carrera o ministerio, interpreta circunstancias personales, explica ciertas decisiones, hace inversiones de negocios—todo basado en profecía personal particular. ¡Ellos llevan sus profecías en sus Biblias y citan secciones de ellas como si citaran la Biblia, y algunas veces mejor! Esto crea un problema de desequilibrio y eventualmente llevará a la persona a una decepción religiosa.

No se nos permite como cristianos exaltar nada sobre la Palabra escrita de Dios. Debemos entender y admitir el hecho de que la profecía no tiene por objeto librarnos de seguir la Palabra escrita de Dios, el consejo maduro piadoso, y el Espíritu Santo que mora dentro de todos nosotros. Si usamos la profecía como un escape conveniente de la presión o corrección, entonces obviamente el intento de la palabra profética ha sido corrompido.

La Biblia nunca declara: "Y aquellos que sean llevados por la palabra profética, esos son los Hijos de Dios." Es primeramente la obediencia a la Palabra escrita de Dios la que traerá nuestras vidas hacia el orden bíblico para que llevemos fruto divino. La palabra profética nunca nos permite violar los principios ya establecidos en la Escritura, aun si viniera acompañada de las palabras, "Así dice el Señor". Toda palabra profética debe ser confirmada y probada, antes de actuar sobre ella.

El Nuevo Testamento provee algunos principios muy claros respecto a la profecía. Examinemos algunos de ellos.

1. La Profecía Debe Ser Juzgada

1 Corintios 14:29
" Asimismo, los profetas hablen dos o tres, y los demás juzguen."

1 Corintios 14:29
"En cuanto a los profetas, que hablen dos o tres, y que los demás examinen con cuidado lo dicho." (NVI)

La palabra griega traducida "juzgar" en este pasaje, significa "separar, hacer una distinción, discriminar, o discernir."

El hecho que se nos ordene en la Escritura discernir o juzgar la palabra de profecía habla de su limitación. ¿Qué es lo que significa juzgar la palabra profética? ¿Cómo puede uno hacer esto sin ser crítico hacia las palabras que han sido ungidas por el Espíritu Santo y que son verdaderamente lo que la Biblia llama profecía?

Cuando la profecía viene en la reunión del pueblo de Dios, debe cumplir su propósito bíblico. El Apóstol Pablo da varias características de la verdadera profecía en 1 Corintios 14:3.

> "Pero el que profetiza habla a los hombres para *edificación*, *exhortación* y *consolación*."

> "En cambio, el que profetiza habla a los demás para edificarlos, animarlos y consolarlos." (NVI)

• La Profecía Debe Edificar al Pueblo de Dios

La palabra griega para "edificar" es *oikodomeo*, la cual significa "ser uno que edifica casas, construir, edificar, confirmar y fortalecer". Cuando la profecía es dada en un servicio debemos preguntarnos, ¿Es de edificación? ¿Edifica esta palabra la casa de Dios? ¿O la está destruyendo?

1 Corintios 14:12
"Así también vosotros; pues que anheláis dones espirituales, procurad abundar en ellos para edificación de la iglesia."

1 Corintios 14:4
"El que habla en lengua extraña, a sí mismo se edifica; pero el que profetiza, edifica a la iglesia."

La profecía es el don espiritual que trae el mayor beneficio a la Iglesia. El ministerio de la palabra de Dios ungida es verdaderamente excelente para fortalecer al pueblo de Dios.

Cuando una persona está comenzando a profetizar, necesita ser muy cuidadosa de que su orgullo no lo lleve a pensar que él mismo es el don de Dios para la Iglesia, para dirección y corrección. Yo recuerdo cierta ocasión, en una reunión de la Iglesia donde un muchacho joven profetizó con gran valentía, "¡Así ha dicho el Señor, vosotros obstinados y de dura cerviz, el Señor está aquí para reprenderles y ponerlos en orden. Si ustedes no responden, la tierra se abrirá y los devorará, como lo hizo con Coré!" Sobra decir que la tierra no se abrió para tragarlos, y la gente no respondió a esta palabra áspera.

• La Profecía Debe Dar Exhortación al Pueblo de Dios.

La palabra griega traducida "exhortación" es *paraklesis* cuya raíz es parakaleo. Esta palabra tiene el significado de llamar a alguien a su lado con el propósito de consolarle, fortalecerle, y motivarle. La verdadera profecía es promover a los creyentes a que hagan buenas obras, avivándoles a moverse hacia Dios y Su amor.

• La Profecía Debe Consolar al Pueblo de Dios.

La palabra griega usada para consuelo es paramuthia; su raíz es paramutheomai, significando, "relacionarse cercanamente de tal forma que anima a alguien que está cansado, bajo presión, o afligido". La profecía hará levantar las cabezas y las manos caídas por el desánimo y revivirá al creyente decaído y tambaleante para militar la buena pelea de la fe. La verdadera profecía traerá un segundo aliento al corredor atrasado y cansado, para que pueda terminar la carrera.

- La Profecía No Debe Traer Confusión Al Pueblo De Dios.

1 Corintios 14:33
"Pues Dios no es Dios de confusión, sino de paz."

Pablo específicamente declara que Dios no inicia la confusión en Su pueblo. El Espíritu Santo trae paz a nuestros corazones, no confusión. Si la palabra profética nos roba la paz y nos deja en un estado de inquietud y confusión, entonces debemos ver cuidadosamente quién inició esta profecía.

2. La Profecía Debe Ser Probada.

1 Tesalonicenses 5:20-21
"No menospreciéis las profecías. Examinadlo todo; retened lo bueno."

El Apóstol Pablo nos exhorta a no menospreciar la palabra de profecía. Otra traducción dice: "No deseches el Espíritu de fuego; no traten las profecías con menosprecio". Debemos responder a la palabra profética con respeto y expectación.

Al mismo tiempo Pablo continúa diciendo que debemos probar todas las cosas, reteniendo lo bueno. Este es el único balance particular para recibir las palabras proféticas: *precaución* con *anticipación*.

La palabra griega traducida "probar" significa "examinar, poner a prueba, reconocer lo genuino después de un examen minucioso." La profecía debe ser puesta a prueba para encontrar lo bueno, lo genuino, y lo útil. Debemos comer la carne y desechar los huesos. Esto no es opcional, sino necesario para el crecimiento equilibrado del cristiano. El creyente debe probar la palabra de profecía haciendo las siguientes preguntas:

¿Esta palabra contradice la Palabra escrita de Dios?

¿Esta palabra contradice los atributos del carácter del Señor?

¿Esta palabra le da testimonio a mi espíritu?

¿Esta palabra tiene dos o tres confirmaciones? (Toda palabra sea establecida con dos o tres testigos.)

¿Esta palabra viene de un ministerio establecido que tiene un estilo de vida probado y buen fruto siguiendo su ministerio?

La Perspectiva Correcta Hacia La Profecía Personal

---

1 Tesalonicenses
5:19-20 "No apaguéis al Espíritu. No menospreciéis las profecías."

Las predicciones proféticas encontradas en la Escritura están destinadas a convertirse en una realidad; el hombre no tiene control o influencia en estas profecías. Estas palabras proféticas pueden ser calificadas como profecías seguras (establecidas). Son incambiables, seguras, precisas y sucederán exactamente en la forma que fueron predichas en la Escritura. 2 Pedro 1:9 dice: "Tenemos también la palabra profética más segura..."

La profecía de la Escritura es Palabra inmutable de Dios. Se puede vivir por ella, morir por ella, hacer sus decisiones, levantar a su familia, invertir su dinero y escoger a sus amigos por medio de ella, todo con completa seguridad. ¡La profecía de la Escritura es absolutamente confiable!

Mateo 5:18
"Porque de cierto os digo que basta que pasen el cielo y la tierra, ni una jota ni una tilde pasará de la ley, hasta que todo se haya cumplido."

Salmo 111:7
"Las obras de sus manos son verdad y juicio; fieles son todos
sus mandamientos."

1 Reyes 8:56
"Bendito sea Jehová, que ha dado paz a su pueblo Israel, conforme a todo lo
que él había dicho; ninguna palabra de todas sus promesas que expresó por
Moisés su siervo, ha faltado."

Ezequiel 12:25
"Porque yo Jehová hablaré, y se cumplirá la palabra que yo hable; no se tar-
dará más, sino que en vuestros días, oh casa rebelde, hablaré palabra y la
cumpliré, dice Jehová el Señor."

La Palabra segura de profecía encontrada en las Sagradas
Escrituras no debe ser puesta en duda: siempre cumple su propósito.
El hombre puede responder o reaccionar, creer o dudar, pero no
puede influenciar el curso de la profecía de la Escritura. Estas profecías establecidas no tienen que ver con la obediencia o el
envolvimiento del hombre; Dios hará realidad cada Palabra porque
Él es Dios. La responsabilidad de cada creyente hacia la Palabra
segura de profecía es orar fervientemente, observar y esperar que
Dios haga cumplirse todo de acuerdo a Su divina voluntad.

Otra área de predicción profética que es de enorme importancia
para todos los creyentes, es el área de la profecía personal. Mientras
que la profecía de la Escritura es incambiable, segura, y digna de
toda confianza y fe, la profecía personal es muy diferente. La profecía personal no es una profecía previamente establecida, destinada
a ser cumplida sin la ayuda de nadie. La profecía personal es aquella
que un creyente puede recibir de un profeta reconocido o de otro
creyente maduro en una reunión de la Iglesia.

Al recibir una profecía personal, el creyente tiene ciertas responsabilidades dadas por Dios que se deben cumplir. El receptor de este
tipo de profecía tiene la responsabilidad del éxito o fracaso del

cumplimiento de tal profecía. Podemos responder en obediencia o reaccionar en una rebelión carnal. Podemos creer y abrazar las palabras como un mensaje de Dios que tiene que ser obedecido, o por el razonamiento humano podemos obedecer los intentos de nuestro propio corazón. De cualquier forma, la decisión de responder descansa en las manos de cada creyente. Sólo porque se recibe una profecía no significa que automáticamente sucederá. Para que la profecía personal sea cumplida, el creyente tiene que actuar sobre las palabras recibidas. Debe obedecer los mandamientos directos, prepararse para los ministerios futuros predichos, y ajustar su estilo de vida para responder en una base diaria a la palabra. Dios trabaja con el hombre para que se cumplan las palabras proféticas, pero nunca viola la voluntad libre del hombre. Dios nunca pasa por alto el hecho de que el hombre debe responder y moverse en fe hacia la obediencia. El creyente no puede tratar con la profecía personal en la misma forma que lo hace con la profecía de la Escritura.

No quiero minimizar el poder de la profecía personal, sino al contrario, establecerla en la perspectiva bíblica adecuada. A través de los años me he reunido con muchos creyentes para platicar ampliamente acerca de sus profecías personales. Durante estas conversaciones, han salido a la luz muchas actitudes erróneas hacia la profecía personal, que son sostenidas por estos cristianos; a veces están acompañadas por inquietud, desilusión, y aun con irritación.

Estas actitudes equivocadas pueden tener su base en la ignorancia, debido a la falta de enseñanza, o al medio ambiente en el que el creyente fue nutrido e influenciado espiritualmente. Tal ignorancia al final se desarrolla en una creencia o actitud particular. Debemos examinarnos cuidadosamente para poder discernir qué actitudes hemos cultivado hacia la profecía, y dónde se han originado. Permítanos enumerar algunos de los errores comunes que los creyentes pueden cometer:

1. El error de *No Responsabilizarse* por las promesas claras y directas en la profecía personal. Esta actitud se apoya fuerte-

mente en la soberanía de Dios y hace daño a la responsabilidad humana (Hechos 11:27-30; 13:1-4).

2. El error de la *Dependencia Total* sobre las profecías personales que se hayan recibido. El creyente no está abierto a todo el consejo de Dios, o ni aun a su sentido común de ayudarse a sí mismo al hacer las decisiones ordinarias y mundanas. El creyente comienza a usar su profecía personal como si fuera la Escritura. La Biblia claramente muestra principios fundamentales por medio de los cuales podemos vivir, hacer decisiones, y crecer hacia la madurez. Estos principios no pueden ser rotos para cumplir una profecía personal. La Escritura nunca nos manda depender totalmente de las profecías personales que hemos recibido. Esto viola claramente los conceptos bíblicos y llevará a la persona a la auto-decepción.

A algunos cristianos no les gusta tomar responsabilidad por sus acciones o decisiones, hasta el extremo de depender totalmente de sus profecías como punto de dirección. Esto no es sólo una forma de escapar, sino es darle la espalda a las oportunidades que Dios da para desarrollarnos en cristianos maduros.

3. El error del *Fatalismo Humanístico*. ¡Lo que ha de suceder, que suceda—no lo puedo cambiar! Esta actitud hacia la profecía personal es más sutil que la mayoría de las actitudes. Para algunos es la última confesión de fe. Este error es aceptado tanto por los creyentes, como por los incrédulos y los resultados son confusión, letargo, falta de realismo, falta de dirección, y falta de una visión clara de las metas personales. Si la palabra profética no define claramente que usted ha de convertirse en un maestro o ingeniero, usted no podría asumir que este no será su destino; tampoco podría ser fatalista respecto a su futuro. ¿Cómo es posible que una profecía personal cubriera el panorama completo de nuestra vida? Dios todavía nos guía de muchas maneras por Su Espíritu Santo, por el consejo piadoso y nos da ambiciones y deseos particulares.

La Responsabilidad del Creyente Hacia la Palabra Profética

Ahora que hemos examinado algunas de las respuestas incorrectas que un creyente puede tener hacia la profecía personal, vayamos a las responsabilidades bíblicas verdaderas que un creyente debe tener para la palabra profética.

La palabra profética podría ser semejante a una semilla que tiene que caer en la tierra y después traer fruto. La analogía de la Palabra de Dios siendo semejante a la semilla es enseñada a través de las Escrituras. El Señor Jesucristo enseña esta misma analogía en la parábola del sembrador en Mateo 13.

Veamos la importancia de que el creyente reciba la palabra profética en la buena tierra de su corazón. En Mateo 13:3-23, Jesús habla de cuatro actitudes del corazón que están representadas por las cuatro clases de tierra en las que la semilla puede caer. Los creyentes responderán a la palabra profética con las mismas cuatro actitudes del corazón.

La primera clase de tierra habla del *corazón que no ha sido dispuesto para cultivar la Palabra de Dios, en medio de las rutinas de una vida demasiado ocupada.*

Mateo 13:19

"Cuando alguno oye la palabra del reino y no la entiende, viene el malo y arrebata lo que fue sembrado en su corazón. Este es el que fue sembrado junto al camino."

Este lugar era la senda junto a los caminos y los carriles de alta velocidad, que comunicaban las ciudades, recorridos en la vida cotidiana. Una semilla que cae sobre este tipo de tierra permanecerá encima de ella, incapaz de germinar como una semilla que ha caído en la tierra de cultivo. La semilla no penetra el entendimiento de la persona, porque ésta se encuentra entregada a la mente natural, en los caminos del mundo. No está buscando de la Palabra de Dios o trayendo a Dios a la rutina de su vida cotidiana. Simplemente no desea, ni tiene tiempo para seguir al Señor.

La segunda clase de tierra habla *del corazón endurecido que no tiene las raíces de un carácter como el de Cristo.*

Mateo 13:20-21

"Y el que fue sembrado en pedregales, éste es el que oye la palabra, y al momento la recibe con gozo; Pero no tiene raíz en sí, sino que es de corta duración, pues al venir la aflicción o la persecución por causa de la palabra, luego tropieza."

En este tipo de tierra la Palabra pone su raíz, pero debido a que la tierra es pedregosa, suelta y endurecida, las raíces no pueden sostenerse y formar una estructura de raíces fuertes. El creyente recibe la Palabra con entusiasmo y gozo inicial, y la Palabra comienza a crecer dentro de él. Pero cuando las pruebas vienen, es fácilmente doblado y la raíz se desprende.

Estos dos versículos contienen dos principios muy importantes referentes a la recepción de una palabra del Señor. En primer lugar, la gente que recibe la palabra profética debe entender que su cumplimiento depende tanto del poder de la palabra profética recibida, como de la condición del corazón del receptor. Si no tenemos raíces de carácter y hay una falta de profundidad en nuestra integridad, si nuestros corazones son duros y superficiales, entonces la palabra sembrada en nuestras vidas habitará en nosotros sólo temporalmente.

Un corazón duro no permitirá que una persona afirme sus raíces en la Palabra. Sólo permitirá que la Palabra toque las áreas de su personalidad que él decida. La Palabra es obstruida e impedida al no darle libertad al Señor en todo su ser.

El segundo principio importante traído por Jesús en el versículo 21, es que cuando la aflicción y la persecución se levanten debido a la Palabra, inmediatamente la persona puede caer. Cuando hemos recibido una palabra del Señor, recibimos el potencial de que esa palabra sea probada y juzgada; por lo tanto, la aflicción y la persecución se levantarán en nuestra vida. Si no tenemos raíces profundas en nosotros mismos o la fortaleza para presentar una buena batalla con la palabra recibida, en los tiempos de la aflicción y la persecución, la palabra inmediatamente se esfumará de nosotros. Seremos como aquellos que nunca han recibido la palabra.

Por eso los dichos de Jesús son importantes para aquellos que reciben palabras proféticas. Debemos cultivar un corazón que tenga carácter y fortaleza, de tal forma que pueda retener la buena palabra del Señor sembrada en nosotros.

La tercera clase de tierra es la actitud del corazón de una *rendición incompleta al señorío de Jesucristo.*

Mateo 13:22

"El que fue sembrado entre espinos, éste es el que oye la palabra, pero el afán de este siglo y el engaño de las riquezas ahogan la palabra, y se hace infructuosa."

No hay nada de malo con la semilla—la semilla es incorruptible, buena y viene del Señor. Pero si la tierra no está cultivada, no permite que la semilla dé fruto.

Los corazones deben ser preparados y cultivados de tal manera que la palabra recibida de Dios no será obstruida ni debilitada en su crecimiento. Cuando el espíritu de este mundo no ha sido desechado de la tierra de nuestro corazón, los espinos de la avaricia y del materialismo, los espinos de la ansiedad y preocupación ahogarán la palabra profética y no podrá producir fruto.

No hay nada de malo en la palabra profética que ha sido sembrada en la vida del hombre. El problema es que el hombre no ha arrancado y destruido los espinos y los cardos que moran dentro de su corazón, haciendo lugar para la buena palabra de Dios, y que ésta produzca fruto. El hombre no ha considerado la importancia de remover de su vida aquellas cosas que compiten con la Palabra de Dios.

La Palabra de Dios debe reinar completamente en nuestras vidas. "Mas buscad primeramente el reino de Dios y su justicia, y todas estas cosas os serán añadidas" (Mateo 6:33). Si uno ha desenraizado los espinos y los cardos y ha puesto la Palabra de Dios en primer lugar, no es malo si la riqueza viene como una consecuencia de que Dios está dentro de nosotros.

La cuarta clase de tierra es *el buen corazón que entiende la Palabra.*

Mateo 13:23

"Mas el que fue sembrado en buena tierra, éste es el que oye y entiende la palabra, y da fruto; y produce a ciento, a sesenta, y a treinta por uno."

La cuarta clase de tierra en la que la Palabra del Señor caerá es el suelo bueno de un corazón honesto. La palabra "honesto" en el griego significa "sano o saludable, adorador, puro, sin hipocresía o pretensión". La buena tierra es el corazón honesto de un hombre que puede oír la Palabra de Dios y entenderla. Cuando cultivamos en nuestro corazón las actitudes de honestidad e integridad, recibiremos la semilla de la Palabra de Dios y ésta traerá fruto en todo tiempo y sin error.

Con este entendimiento de las cuatro actitudes del corazón, leamos la historia de Lucas respecto a la parábola del sembrador.

Lucas 8:4-8

"Juntándose una gran multitud, y los que de cada ciudad venían a él les dijo por parábola:

El sembrador salió a sembrar su semilla; y mientras sembraba, una parte cayó junto al camino, y fue hollada, y las aves del cielo la comieron.

Otra parte cayó sobre la piedra; y nacida, se secó, porque no tenía humedad.

Otra parte cayó entre espinos, y los espinos que nacieron juntamente con ella, la ahogaron.

Y otra parte cayó en buena tierra, y nació y llevó fruto a ciento por uno. Hablando estas cosas, decía a gran voz: el que tiene oídos para oír, oiga."

El libro de Santiago añade otro pensamiento respecto a la clase de corazón que debemos tener cuando recibimos la palabra del Señor.

Santiago 1:17-25

"Toda buena dádiva y todo don perfecto desciende de lo alto, del Padre de las luces, en el cual no hay mudanza, ni sombra de variación.

El, de su voluntad, nos hizo nacer por la palabra de verdad, para que seamos primicias de sus criaturas.

Por esto, mis amados hermanos, todo hombre sea pronto para oír, tardo para hablar, tardo para airarse;

porque la ira del hombre no obra la justicia de Dios.

Por lo cual, desechando toda inmundicia y abundancia de malicia, recibid con mansedumbre la palabra implantada, la cual puede salvar vuestras almas.

Pero sed hacedores de la palabra, y no tan solamente oidores, engañándoos a vosotros mismos.

Porque si alguno es oidor de la palabra pero no hacedor de ella, éste es semejante al hombre que considera en un espejo su rostro natural.

Porque él se considera a sí mismo, y se va, y luego olvida cómo era.

Mas el que mira atentamente en la perfecta ley, la de la libertad, y persevera en ella, no siendo oidor olvidadizo, sino hacedor de la obra, éste será bien-aventurado en lo que hace."

En estos versículos, el apóstol Santiago nos da el relato de un hombre que ha recibido la buena palabra del Señor. En el versículo 17, Santiago dice que toda buena dádiva viene a nosotros de lo alto, del padre de las luces. Cuando recibimos una palabra profética del Señor, es un buen don viniendo de Él, quien sólo puede dar lo que es bueno. En el versículo 21, Santiago dice que al recibir la palabra con mansedumbre y humildad, ésta será capaz de cambiarnos y aun salvarnos de gran destrucción y desastre.

Consideremos también 1 Tesalonicenses 2:13, donde el apóstol Pablo enseña otro principio importante al recibir la palabra del Señor. "Por lo cual también nosotros sin cesar damos gracias a Dios, de que cuando recibisteis la palabra de Dios que oísteis de nosotros, la recibisteis no como palabra de hombres, sino según es en verdad, la palabra de Dios, la cual actúa en vosotros los creyentes."

Aquí Pablo nos da un principio sumamente importante. Debemos recibir la palabra profética y aceptarla como palabra de Dios y no de los hombres, la cual es capaz de obrar en nosotros y llevar a cabo la buena voluntad del Padre.

El escritor a los Hebreos también cita la forma en que el creyente debe recibir una palabra. "Por tanto, es necesario que con más diligencia atendamos a las cosas que hemos oído, no sea que nos deslicemos." El autor aquí habla acerca de poner más atención a las cosas que hemos recibido. La palabra "atender" en el griego significa "acercarse y poner una atención muy cercana, de tal forma que nada se nos pueda deslizar o perder". Cuando recibimos una palabra del Señor, debemos abrir nuestro corazón y oído espiritual, prestando toda nuestra atención. Muchas veces los creyentes reciben una palabra de parte de Dios con tanta apatía y superficialidad, que la palabra es rápidamente perdida sólo porque no se le está dando la atención cercana y adecuada que ésta requiere.

Debemos tratar estas palabras con gran sensibilidad y responsabilidad. Cuando la profecía es dada, nos convertimos en mayordomos de la palabra de Dios. Tendremos que responder al Señor por lo que hemos hecho con todas las palabras proféticas y las palabras de avivamiento que han venido a nosotros a través del Espíritu Santo.

Todas las actitudes que hemos examinado son muy importantes para el crecimiento y madurez, a través de las palabras proféticas que nos son dadas por el Señor. Debemos recibir la palabra de Dios con un corazón bueno y honesto, con humildad y mansedumbre, con atención cuidadosa, y finalmente como palabra de Dios, no de hombre. Si recibimos la palabra profética con estas actitudes, siempre traerá fruto en nuestras vidas y nos moverá hacia la perfección.

Otra área para ser examinada es la prueba de la palabra que viene a nuestra vida. Existe un principio divino encontrado a través de la Escritura respecto a las palabras proféticas: la palabra es recibida, la palabra es probada, y después la palabra se cumple. Muchos cristianos quisieran recibir una palabra dinámica y, sin pasar la fase intermedia de probarla, ver su cumplimiento sin persecución.

Sin embargo, la Biblia no enseña esto, tampoco lo hacen las experiencias del pueblo de Dios a través de la historia y en los días actuales. Cuando el Señor da un mensaje, sea una palabra bíblica, un mandato, una promesa, o una palabra profética recibida en nuestra vida como una promesa, tal palabra ha de ser examinada, probada, y se convertirá en una realidad conforme respondamos a la prueba.

En el evangelio de Juan 10:10, el Señor Jesús nos enseña la naturaleza del enemigo que nos ataca y el propósito de su ataque. "El ladrón no viene sino para hurtar y matar y destruir; yo he venido para que tengan vida, y para que la tengan en abundancia." Cuando recibimos una palabra del Señor, inmediatamente el ladrón viene para tratar de robar la bendición y promesa que el Señor nos ha dado. El maligno es un ladrón y ha sido ladrón desde el principio. Él viene a robar cualquier cosa que pueda arrancar de nuestras vidas, o a causar que desechemos la palabra, admitiendo que realmente no ha venido del Señor.

El diccionario define la palabra "ladrón" como "uno que toma los bienes o la propiedad personal de otro, sin su conocimiento o consentimiento, sin ninguna intención de regresarlo". El enemigo verdaderamente es un ladrón y vendrá para tomar todas las propiedades espirituales y todo el conocimiento espiritual, sin nuestro consentimiento, si usted y yo no protegemos la palabra que Dios nos ha dado.

El enemigo tiene muchas formas de robarnos la palabra de Dios. Frecuentemente arroja desánimo en nuestro camino, golpe tras golpe, vez tras vez. Conforme nos vamos cansando, nuestra fe se debilita. Sin una aplicación ferviente y diligente de fe a la palabra profética, esta nunca se convertirá en una realidad.

El maligno puede venir y robar la semilla de nuestro corazón, antes de que ésta se haya fortalecido dentro de nuestro espíritu, de tal forma que nunca se desarrolle.

El enemigo trae confusión a nuestra mente. Génesis 3 es una ilustración de cómo el ladrón viene con la confusión para robar la buena palabra de Dios de nuestra vida. Génesis 3:1 dice: "Pero la serpiente era astuta, más que todos los animales del campo que Jehová Dios había hecho; la cual dijo a la mujer: ¿Conque Dios os ha dicho: No comáis de todo árbol del huerto?"

Debemos recordar como creyentes que la serpiente, o el maligno, es un ser muy astuto; él usará cualquier astucia que pueda inventar para destrozar nuestras vidas; Se deleita en confundirnos al torcer la palabra que Dios nos ha dado, de tal manera que comencemos a cuestionar la palabra o pensar que, posiblemente malentendimos el asunto. En el versículo 1, el maligno dice: "Conque Dios os ha dicho." Esta es la forma en que toma ventaja de nosotros: "¿Dios dijo eso?" "¿Estás completamente seguro que esto es lo que el Señor va a hacer?"

Debemos reprender al devorador. Debemos cerrar nuestros oídos cuando él tuerce la buena palabra de Dios. No debemos permitir que el ladrón robe lo que Dios nos ha dado para que llevemos a cabo la obra del Señor.

En Lucas 8:15, leemos que debemos oír la palabra, retenerla, y a través de la perseverancia, producir buen fruto. Cuando la palabra profética viene a nuestra vida, debemos *oírla*–poner mucha atención a lo que el Señor está diciendo; *retenerla*–asegurarnos de que está profundamente plantada dentro de nuestro corazón; y posteriormente *perseverar*–con esfuerzo–darnos a la tarea. Si hacemos estas cosas produciremos buen fruto; pero si por el contrario, dejamos que el ladrón venga y robe la semilla, no habrá fruto alguno.

En Hebreos 6:12, el autor declara que no debemos ser perezosos, sino seguidores de aquellos que a través de la fe y de la paciencia heredaron las promesas. Aquí tenemos otro principio muy importante para traer la palabra profética a su cumplimiento completo. El autor nos da dos claves de las palabras del Nuevo Testamento que deben ser puestas en acción en nuestra vida. Las cualidades de "fe" y "paciencia", son precisas para heredar la promesa.

Cuando la palabra profética viene a nosotros, debemos adherirnos a tal palabra con fe. Hebreos 4:2 dice: "Porque también a nosotros se nos ha anunciado la buena nueva como a ellos; pero no les aprovechó el oír la palabra, por no ir acompañada de fe en los que la oyeron." Cuando recibimos una palabra de Dios, tal palabra debe ser unida a la fe para que sea de provecho para nosotros y tenga cumplimiento en nuestra vida. Hay muchos ejemplos de gente que ha recibido la palabra profética del Señor, pero que tropezaron por incredulidad. Por lo estrecho de su mente y la pequeñez de su corazón la desecharon, cancelando así las grandes promesas de Dios para sus vidas.

La Biblia dice que debemos añadir fe a la palabra y esperar con paciencia para que ésta se realice. Cuando Dios habló con Abraham y le dijo que sacrificara a Isaac, su único hijo, dado a él a través de un milagro, fue tremenda la fe de Abraham para poder obedecer la palabra de Dios. Necesitaba tener una inmensa paciencia para esperar y ver la mano del Señor en esta circunstancia.

De cualquier forma, la gran montaña que Dios nos ha preparado para subir, o la gran tierra de Canaán que Dios nos ha prometido como herencia, nosotros, al igual que Israel y todas las personalidades del Antiguo Testamento, debemos poseer fe para heredar de Dios, y hacer esto a través del trabajo de paciencia. Cuando Dios nos da una palabra profética, puede tomar años para que llegue su cumplimiento. Posiblemente habrá muchos Jordanes que cruzar, muchos gigantes que matar, muchas tierras de Canaán que heredar —algunas veces toma un largo tiempo poseer todas las promesas del Señor.

No nos preocupemos en hacer las cosas, ni tampoco renunciemos antes de que todo termine. No digamos en nuestros corazones, "¿Cómo hará el Señor para que sucedan tan grandes cosas?" Si unimos estas promesas a la fe, y nos esforzamos a través de la paciencia, veremos a Dios trayendo a la realidad las palabras que nos había dado años atrás.

Cuando recibimos la buena palabra del Señor, debemos entender que habrá una guerra, una batalla para lograr que esa palabra se cumpla. El apóstol Pablo sabía esto, y así exhortaba a su hijo espiritual, Timoteo, diciéndole que peleara la buena batalla de la fe. En 1 Timoteo 1:18 y 19 leemos: "Este mandamiento, hijo Timoteo, te encargo, para que conforme a las profecías que se hicieron antes en cuanto a ti, milites por ellas la buena milicia, manteniendo la fe y buena conciencia, desechando la cual naufragaron en cuanto a la fe algunos."

Como creyentes, debemos tomar todas las profecías que han venido sobre nosotros, y con ellas fraguar una poderosa batalla de fe con paciencia para traerlas a la realidad. No seamos negligentes; no seamos perezosos al esforzarnos en las aflicciones y pruebas que pueden venir a nuestra vida por razón de la palabra. No seamos frágiles, o dejaremos que los espinos de nuestro corazón expulsen las preciosas promesas de Dios. Se necesita fe y buena disposición para ver la palabra del Señor tomar lugar en nuestra vida.

Cuando entramos en esta carrera dentro de la arena de la fe, debemos empezar a marcar el paso, entendiendo que estamos en una carrera que durará toda la vida. No estamos solamente en una carrera corta, sino en un largo maratón que tendrá muchos obstáculos y retos. Todavía espera una corona de la vida y una corona de gozo a todos aquellos que terminan la carrera que Dios les ha dado.

No debemos luchar en nosotros mismos para cumplir cualquier palabra que Dios nos ha dado. No debemos entrar en ningún tipo de lucha con el Señor para hacer cumplirse la palabra que hemos recibido. Si Dios ha hablado, nada va a impedir su cumplimiento. Si Dios lo ha dicho, no existen suficientes diablos en el infierno o suficiente obscuridad en todo el mundo para poder nulificar aquella palabra. Cuando Dios dice algo, seguramente se cumplirá. No debemos tratar de ayudar al Señor, o intentar darle ideas de lo que debe hacer para ayudar la palabra. Sencillamente tenemos que movernos en fe y tener la buena paciencia que el Señor nos da para ver cumplida Su promesa.

En Génesis 16 leemos la historia de Abraham y Sara comenzando a dudar y luchar con la palabra del Señor. De su duda e impaciencia nacieron sus propias ideas de cómo llevar a cabo el milagro de sus vidas. Todos conocemos la historia de cómo Sara sugirió a Abraham que se llegara a su sierva Agar, y que mediante ella Dios levantaría la simiente que había sido prometida. Agar no fue la voluntad del Señor, y él rechazó la simiente que vino por medio de ella. Abraham y Sara todavía tenían que esperar muchos años antes de que Dios les diera el nacimiento y la simiente milagrosa en Isaac.

Tenemos que permitir que Dios obre y haga cumplir Su palabra, además tener la fe de Dios y la paciencia que es inmutable, sabiendo que el Señor Dios va a hacer que se cumpla cada palabra que Él ha hablado.